BIBLIOTHÈQUE ORIENTALE ELZÉVIRIENNE

LA

POÉSIE EN PERSE

PAR

C. BARBIER DE MEYNARD

Professeur au Collége de France

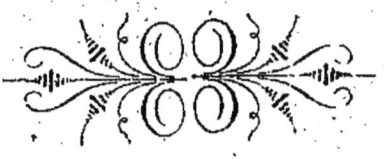

PARIS
ERNEST LEROUX, ÉDITEUR
LIBRAIRE DE LA SOCIÉTÉ ASIATIQUE DE PARIS
DE L'ÉCOLE DES LANGUES ORIENTALES VIVANTES, ETC.
28, RUE BONAPARTE, 28

1877

BIBLIOTHÈQUE ORIENTALE ELZÉVIRIENNE

XII

LA POÉSIE EN PERSE

LE PUY, IMPRIMERIE M.-P. MARCHESSOU

LA POÉSIE EN PERSE

LEÇON D'OUVERTURE

FAITE

AU COLLÉGE DE FRANCE, LE 4 DÉCEMBRE 1876

PAR

C. BARBIER DE MEYNARD

Professeur au Collége de France

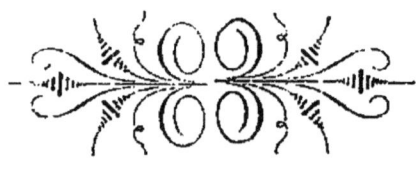

PARIS

ERNEST LEROUX, ÉDITEUR

LIBRAIRE DE LA SOCIÉTÉ ASIATIQUE DE PARIS
DE L'ÉCOLE DES LANGUES ORIENTALES VIVANTES, ETC.

28, RUE BONAPARTE, 28

1877

LA POÉSIE EN PERSE

Messieurs,

En prenant place pour la première fois dans cette chaire que M. Mohl a occupée pendant trente ans, je me sens dominé par une double émotion : la crainte de ne pas être à la hauteur de la tâche qui m'est confiée, une vive et profonde reconnaissance envers le maître vénéré dont l'enseignement a été pour moi le meilleur titre au jour de l'élection.

En vous parlant d'abord de M. Mohl, je ne veux faire ni le récit d'une carrière si dignement parcourue, ni l'analyse des travaux qui sont dans la mémoire de tous. Un confrère éminent a accompli cette tâche avec une conscience et un talent qui me réduiraient au silence, si, par une assiduité de près de trente ans, je n'avais, moi aussi, quelque droit à vous rappeler le savant et l'homme de bien dont nous portons le deuil.

Dans son dernier rapport annuel, l'éloquent secrétaire de la Société asiatique, M. E. Renan, a retracé en quelques pages émues la carrière scientifique de mon prédécesseur; la plupart d'entre vous, Messieurs, les ont encore présentes à la mémoire. Vous savez par quel concours de circonstances M. Mohl, né en 1802 dans le Wurtemberg et élève de gymnase de Stuttgart, puis de l'Université de Tubingue, fut attiré en France, dans cette patrie d'adoption dont il reconnut noblement l'hospitalité. Vous vous rappelez que, séduit par l'attrait irrésistible de la société française pendant la Restauration, société si ouverte aux idées nouvelles et aux promesses du talent, J. Mohl renonça à la chaire qui lui était offerte dans son pays natal, pour devenir un simple auditeur du Collége de France et de l'Ecole des langues orientales. Vous n'avez pas oublié non plus l'accueil qu'il reçut dans les cercles les plus recherchés, sa liaison avec Ampère, Burnouf et Fresnel, enfin les encouragements que lui prodiguait l'illustre Abel Rémusat et l'influence que ce milieu exerça sur ses premiers travaux. Dès 1826, la Perse était devenue l'objet de ses prédilections et il préludait par ses *Recherches sur la religion de Zoroastre* à la grande publication qui fut le culte de sa vie. Dans le cours de cette même année, M. Mohl recevait du gouvernement français la mission de publier et de traduire le *Livre des Rois*, cette immense épopée que le grand public ne connaissait encore que par de vagues notices, ou par des imitations prétentieuses et infidèles.

Je reviendrai bientôt sur le poëme de Firdawsi et je m'efforcerai de lui assigner sa place dans le domaine de la littérature persane; je me borne en ce moment à dire comment J. Mohl s'acquitta de cette tâche difficile. Bien qu'il ne lui ait pas été donné de parfaire son œuvre, ni d'y ajouter l'appareil critique et les extraits de *Namehs*, indispensables à l'intelligence du texte parfois obscur de Firdawsi, on y retrouve pourtant la trace des travaux considérables qu'il avait accumulés autour du vieux document persan. Le texte qu'il a suivi présente, à de rares exceptions près, une des rédactions les plus anciennes, partant les plus respectables ; les interpolations en sont écartées avec une sagacité toujours en éveil ; et s'il n'a pas été constamment possible à l'éditeur de remonter jusqu'à la rédaction primitive, on voit qu'il n'a rien négligé pour s'en rapprocher, autant que l'incertitude des copies le lui permettait.

Quant à la traduction, elle est telle qu'on devait l'attendre du tempérament de celui qui l'a écrite : énergique et nette, sobre d'ornements, elle reproduit fidèlement l'abondance un peu uniforme de l'original et en conserve la saveur archaïque.

L'École de 1830, malgré certaines exagérations dont le temps a fait justice, a rendu un service signalé aux littératures étrangères, en proscrivant le faux système de traduction qui prévalut à la fin du xviiie siècle et sous le premier empire. On constate l'influence de cette sage réforme dans la version du *Livre des Rois* : Keï-Khosrou, Rustem, Nouschirevan y parlent le langage des guerriers et des monarques iraniens, sans que le traducteur les affuble jamais du costume et du ton déclamatoire si chers aux Bitaubé et aux Lebrun.

La critique la plus sévère qu'on puisse adresser à la collection orientale où le *Schah-Nameh* occupe une place si importante, c'est d'être inaccessible à ceux qui pourraient s'en servir le plus utilement. M. Mohl déplorait plus que personne le luxe inutile de cette vaste publication, son format incommode et, par suite, son prix élevé qui privaient les véritables travailleurs des documents indispensables à leurs études. Il se proposait, une fois la grande édition terminée, de la réduire à des proportions plus modestes, afin de la mettre entre les mains qui sauraient l'utiliser. Ce vœu que la mort ne lui a pas permis d'exécuter, les soins pieux de sa veuve en ont fait une réalité. Déjà trois volumes de la traduction française fidèlement réimprimée viennent de paraître et les volumes suivants se succèderont à des intervalles rapprochés ; je suis heureux d'annoncer aussi que le septième et dernier volume de l'édition in-folio est presque achevé, et j'espère qu'on n'aura pas à signaler de trop grandes dissemblances entre le travail du maître et celui de l'élève. Pendant ce temps, la nouvelle édition du texte, qui n'est que la reproduction discrètement retouchée de l'édition de Paris, arrivera, elle aussi, à son terme [1], et grâce à ce concours d'efforts désintéressés, l'œuvre de l'orientaliste français sera pro-

---

1. *Firdusii liber regum qui inscribitur Schahname, etc. edidit J. A. Vullers. Lugd. Batav. 1876.* Le savant éditeur suit de préférence l'édition de M. Mohl en la complétant ou la corrigeant à l'aide de l'édition de Macan. Deux fascicules ont déjà paru et il est permis d'espérer que

pagée comme elle le mérite ; je puis ajouter qu'elle sera appréciée mieux que je n'ai su le faire dans ces lignes.

A côté, au-dessus peut-être de ce monument d'une érudition infatigable, il faut placer la belle série de rapports où M. Mohl a, pendant près de trente ans, consigné et apprécié les progrès accomplis par les études orientales dans le champ immense de leur culture. Nul n'était mieux préparé à cette tâche délicate : en relation d'études ou d'amitié avec les savants les plus accrédités, entretenant des rapports réguliers avec les Universités d'Allemagne et d'Angleterre, avec les sociétés savantes de l'Europe et de l'Inde, il recevait tout de première main et trouvait le temps de tout lire. C'est dans ces archives de l'érudition orientale qu'il a mis le meilleur de son esprit et de son cœur : indulgent sans faiblesse, sévère seulement contre les œuvres frivoles, il excelle

cette publication soigneusement exécutée et poursuivie avec activité sera terminée dans un bref délai.

à resserrer le lien qui unit des travaux en apparence isolés et sans attache. Aucune conquête de l'érudition n'échappe à son attention : le passé de l'Orient et ses transformations contemporaines, ses religions, ses idiomes, tout ce qui éclaire l'histoire de l'humanité, relève de son jugement équitable, de sa critique toujours élevée et impersonnelle. Favorable à toutes les tentatives nouvelles, pourvu qu'elles eussent la recherche de la vérité pour objectif, si les délicates analyses de la linguistique ou les essais hardis de l'archéologie assyrienne n'obtinrent pas de prime abord son adhésion, il ne leur refusa jamais le moyen de se produire au grand jour. Le *Journal asiatique* fut, sous sa direction (et j'espère qu'il continuera d'être), le terrain neutre où toutes les opinions pouvaient se produire, pourvu qu'elles fussent consciencieusement élaborées et discutées avec convenance. C'est par cette hauteur de vues, par cette impartialité d'appréciation que M. Mohl réussit à faire de ses rapports annuels les annales des lettres orientales. Destinés d'abord à un auditoire restreint, ils sont devenus la propriété du monde savant et je crois être l'interprète d'un vœu unanime en souhaitant que cet ensemble d'études consciencieuses ne reste pas plus longtemps perdu dans l'immense collection du *Journal asiatique :* elles méritent d'être réunies et livrées au public lettré. Ce sera aussi la meilleure réponse à ceux qui mettent encore en doute la portée de nos travaux et leur dénient la place qu'ils ont conquise dans les sphères de la haute culture intellectuelle.

Les qualités qui distinguaient sa critique littéraire, J. Mohl les apportait dans le commerce de la vie. L'amour du vrai, l'horreur du charlatanisme et de la science d'emprunt donnaient à son abord ce je ne sais quoi de réservé et un certain air de brusquerie qui ne permettait pas d'apprécier du premier coup d'œil tout ce qu'il y avait en lui de bonté naturelle et de généreuse sympathie. C'est à nous, ses élèves et ses amis, qui l'avons connu non-seulement ici dans cette chaire, mais chez lui dans son cabinet toujours ouvert aux débutants, c'est à nous de proclamer bien haut les qualités de son cœur. Nous savons tous, par une expérience individuelle, avec quel empressement il accueillait nos premiers essais, nous ouvrant l'accès de la publicité et appelant sur nous les encouragements de l'Etat et ceux plus précieux encore du public. Au Collége de France, à l'Institut, à la Société asiatique, partout et toujours, il était préoccupé des intérêts de la science ; ou, s'il s'en laissait distraire quelquefois, c'était pour soulager des infortunes cachées, pour créer des ressources à de jeunes savants étrangers qui venaient demander à la France pour leurs travaux l'appui qu'ils ne trouvaient pas dans leur pays natal.

Permettez-moi, Messieurs, de terminer cette notice par un souvenir personnel qui la résumera. C'était dans les dernières semaines de la maladie qui devait l'emporter ; je le trouvai un matin plus calme, presque confiant ; sa pensée se reportait avec complaisance sur le passé. Il me racontait qu'il avait éprouvé pendant plusieurs années, à des intervalles heureusement assez éloignés, une sorte de défaillance, d'anéantissement physique qui lui donnait l'illusion de la mort. « Un jour, me disait-il, me promenant seul aux environs de Carlsbad, je fus pris d'un accès de cette faiblesse étrange; je tombai sur le bord de la route et j'y demeurai longtemps immobile, épuisé, mais en pleine possession de moi-même. Enfin, des passants m'aperçurent, me relevèrent et me portèrent à la ville où je repris peu à peu mes sens. Jamais je n'ai eu autant que ce jour-là, la perception de ce que doit être le passage de la vie à la mort. » Et, comme je lui demandai s'il avait gardé le souvenir de ses impressions dans cette léthargie qui lui laissait toute sa raison : « Oui, me répondit-il, je goûtai un calme profond et, croyant mourir, je n'éprouvai plus qu'une immense curiosité. »

L'âme de J. Mohl se peint dans ce mot. Sûr de lui-même, inaccessible aux terreurs d'une conscience mal affermie, il portait au-delà de la vie cette noble curiosité, ce désir de connaître qui ennoblit l'étude et en recule le but. Il est resté jusqu'au dernier jour fidèle à la devise que, jeune homme, il écrivait sur un album : « Vérité dans la science et dans la vie » ; jusqu'au dernier jour, par ses conseils et son exemple, il a mis en pratique le mot de Septime-Sévère, par lequel il terminait un de ses rapports : « *Laboremus* » !

Après avoir rendu hommage au maître vénéré dont la mémoire nous sera toujours chère, je vais essayer, Messieurs, de vous présenter le tableau de la poésie persane, ou du moins d'en retracer les traits caractéristiques depuis la conquête musulmane jusqu'à nos jours. Vous ne vous étonnerez pas, si je ne remonte pas à ses origines dans le passé anti-islamique. L'histoire est restée muette et les débris de l'antique civilisation iranienne ne nous disent rien de l'état des lettres et des sciences sous les différentes dynasties qui ont élevé ces monuments. Il est vraisemblable que l'influence de la littérature de l'Inde pénétra en Perse en même temps que la réforme religieuse, sous le règne de Guschtasp et de ses successeurs. Bamian, Balkh et Merou furent sans doute le centre d'une culture intellectuelle qui dut projeter ses rayons sur Persépolis et la Susiane.

Après la conquête d'Alexandre, à la suite des querelles politiques qui marquent la période si troublée et encore si peu connue des Arsacides, une nouvelle ère de civilisation, peu originale il est vrai, mais étendue, commença avec la monarchie sassanide. Cette époque peut-être prise comme point de départ de la littérature néo-persane, ou du moins il est avéré que son influence se fit sentir sur le mouvement littéraire des quatre premiers siècles de l'hégire. On sait, par le témoignage des historiens musulmans, avec quelle ardeur Nouschirevan et son ministre Buzurgmihr recherchaient les monuments écrits de la sagesse indienne; on sait avec quelle prodigalité ils récompensèrent le médecin Barzouyeh, lorsqu'il rapporta, avec le jeu d'échecs, le précieux recueil d'apologues qui, sous différents noms, *Kalilah et Dimnah, Envari Soheïli, Humaïoun-Nameh*, a charmé l'Orient musulman et inspiré nos conteurs et nos fabulistes. A travers les épisodes merveilleux dont ces historiens se sont plu à orner leur récit, on distingue le souvenir confus de l'impulsion donnée aux lettres et aux arts dans les premiers siècles de notre ère. Il est permis de conjecturer que Khosrou Perviz se montra aussi généreux pour les lettrés que pour les architectes, les peintres et les musiciens, et que son *destour* Buzurgumid, personnage semi-légendaire, fit tous ses efforts pour attirer les savants et placer son nom à côté de celui de Buzurgmihr.

La vie aventureuse de Bahram-Gour, les gloires et les revers de Perviz, qui réchauffèrent plus tard la verve des poëtes persans, durent fournir de bonne heure un aliment aux conteurs et aux trouvères et se perpétuer, par la tradition orale, dans les récits des Dihkans. Je ne doute pas que la plupart de ces légendes ne fussent mises en vers pour se mieux fixer dans la mémoire. Quoique nous ne possédions aucun vestige de la poésie sassanide, nous savons que l'art musical était alors en grand honneur et qu'il se transmit directement de la Perse aux Arabes ; or, l'existence de cet art permet de conclure à celle de la poésie.

On doit placer à la même époque de nouvelles importations de l'Inde. C'est alors qu'on traduisit le roman géographique de *Sindbad,* les apologues moraux des *Sept vizirs ;* peut-être aussi les *Mille et une nuits* furent-elles l'objet d'une première tentative de rédaction, en même temps que, par les soins des Mobeds, on rédigeait en pehlevi différentes parties du rituel mazdéen, comme le *Virasf-Nameh* et le *Zerduscht-Nameh.*

Entre tous les souvenirs de l'ancienne monarchie, les récits héroïques durent se graver avec le plus de fixité dans la mémoire du peuple. Les premières rédactions du *Schah-Nameh* nous ont conservé dans leur préambule la preuve d'un essai de rédaction de la tradition orale sous le règne et par les soins de Nouschirevan. Quatre siècles plus tard, sous le dernier des Sassanides, Yezdegird III, avec qui devait finir la monarchie perse, les documents déposés dans les archives royales furent remaniés et complétés. Un Dihkan dont le nom atteste la confiance que ses contemporains avaient dans son érudition, un certain *Danischver*, fut chargé de ce travail de restauration avec l'aide des Mobeds les plus instruits. A dater de ce jour, les matériaux d'une épopée nationale étaient réunis et n'attendaient que le génie d'un vrai poëte pour être transmis à la postérité.

Tel était le prestige de ces documents et le respect dont on les entourait, qu'ils figuraient parmi les trésors envoyés à Omar après la victoire d'*Ibn Abi Wakkas*. Repoussons comme une fable indigne de ce khalife la prétendue destruction des archives de Yezdegird. La bibliothèque du dernier roi sassanide, pas plus que celle des Ptolémées, ne devint la proie des flammes. On sait, au contraire, que divers épisodes relatifs aux Keïanides furent traduits en arabe et excitèrent l'admiration du khalife orthodoxe.

Mais on était encore dans toute la ferveur du prosélytisme et le souvenir récent du mépris que le prophète avait témoigné aux vestiges du paganisme ne frayait guère la voie à la tolérance. Le Koran avait maudit « ces hommes qui achètent des *contes frivoles* pour détourner les fidèles des voies de Dieu. » Cette réprobation venue du ciel devait étouffer l'essor de l'esprit iranien et le condamner à un silence de plus de deux siècles. Depuis la bataille de Kadissyeh jusqu'à l'avénement des Abassides, les populations restées iraniennes de cœur et de langage, et surtout la classe des Dihkans, devenus clients des Arabes, mais demeurés fidèles au culte du passé, s'efforcèrent de cacher aux vainqueurs les documents qu'ils tenaient de leurs ancêtres. Il est vrai que, vers le milieu du IIe siècle, Ibn el-Moukaffa, guèbre converti et toujours suspect d'attachement à ses croyances primitives, mit en langue arabe le *Khodaï-Nameh* de Danischver ; mais il serait téméraire d'en conclure à une réaction en faveur des idées persanes. C'était plutôt affaire de curiosité et de mode ; car les tribus sorties du Yémen et du Nedjd ne pouvaient s'intéresser aux récits d'un passé fabuleux dont le Koran ne leur avait rien révélé. Les gouverneurs nommés par le khalifat obéissaient certainement à un mot d'ordre, lorsqu'ils prescrivaient le retour à la langue maternelle. Dawlet-Schah rapporte qu'un poëte, dont il ne cite pas le nom, offrit un jour à Abd-Allah ben Taher, émir du Khoraçân, un conte populaire qu'il avait mis en vers sous le titre de *Wamik et Azra*[1]. Non-seulement le prince ne voulut pas en accepter la dédicace, mais il fit détruire le manuscrit, sous prétexte que toute poésie était dans le Koran, et qu'en dehors du livre révélé, il n'y avait que mensonges et blasphèmes.

L'épopée persane, — et si nous insistons sur ses commencements difficiles, c'est qu'elle est, à vrai dire, l'expression la plus complète du genre littéraire de la Perse

---

[1]. Le roman de *Wamik et Azra* est un des thèmes favoris des poëtes persans. La plus célèbre des rédactions qui porte ce titre est celle d'Ansari qui vivait sous le règne de Mahmoud le Ghaznévide. (Cf. *Beharistan*, édition *Schlechta*, p. 97.)

pendant près de trois siècles, — l'épopée ne pouvait trouver de protection sincère et un terrain favorable à son développement que dans les provinces orientales de l'empire. Les calculs politiques, plus que le goût désintéressé des œuvres d'art, contribuèrent à la renaissance de la poésie dans le Khoraçân et le Seïstân. Les grands vassaux qui tenaient ces provinces lointaines sous leur domination, cherchaient à rompre les liens qui les rattachaient au khalifat. Ils devaient, dès lors, s'appuyer sur l'instinct de race ; leur intérêt était de rappeler aux vaincus que le régime politique installé par la conquête ne pouvait avoir leurs sympathies ; enfin, que le seul moyen de reconquérir l'indépendance était de servir fidèlement des princes admirateurs passionnés de l'ancienne monarchie. Ce n'est pas qu'ils cherchassent à en raviver les croyances religieuses ; le mazdéisme était mort, au moins comme religion d'Etat : déclarer la guerre au dogme monothéiste, c'était se jeter dans les aventures d'une lutte formidable et courir à une perte assurée. Les émirs tributaires du khalifat dans les provinces orientales ne cherchaient donc à établir entre la croyance musulmane et l'histoire nationale qu'une sorte de compromis favorable à leurs tentatives d'émancipation politique. Telle fut l'œuvre des Saffarides qui régnaient en Perse, des Samanides maîtres de la Transoxiane, tel fut surtout le but poursuivi avec succès par Mahmoud le Ghaznévide, le plus puissant et le plus éclairé de ces redoutables vassaux.

Nous arrivons ainsi au ve siècle de l'hégire, l'âge d'or de l'épopée persane. Je ne m'arrêterai pas longtemps sur cette période bien connue, non plus que sur la biographie de Firdawsi qui en est l'expression la plus brillante. La belle préface que M. Mohl a placée au début de sa traduction, vous a fait connaître la vie accidentée du célèbre poëte, l'ingratitude qui accueillit ses chants, son exil et la tristesse de ses dernières années.

On n'a pas encore porté un jugement définitif sur l'œuvre de Firdawsi, et comme je le disais en commençant, les pièces du procès ont fait défaut au grand public ; mais, grâce aux différentes éditions qui se préparent, le temps n'est pas loin où il pourra se prononcer en connaissance de cause. Même sans songer à le rapprocher du chef-d'œuvre de l'antiquité grecque, il se peut que le *Schah-Nameh* sorte un peu amoindri de cet examen, qu'on lui reproche les inégalités du récit, la facilité uniforme du style, ses répétitions fréquentes, la maladresse de ses transitions et un défaut de proportion entre ses différentes parties. Peut-être même, ne voudra-t-on voir dans l'auteur de cet immense poëme qu'un versificateur d'une fécondité inépuisable, mais on devra du moins reconnaître qu'il crut en ses héros et qu'il aima avec passion les gloires de sa race. Sa sincérité, la fidélité scrupuleuse avec laquelle il a recueilli les traditions, le dédain qu'il a témoigné pour les inventions d'origine étrangère, surtout arabes, sont autant de mérites que la critique la plus sévère ne saurait lui dénier.

Ce titre glorieux de chantre national, la

Perse ne le lui a jamais refusé. Tous les poëmes qui forment le cycle épique du Seïstân, les vieux racontars rimés tels que le *Guschstasp-Nameh*, le *Sam-Nameh*, le *Barzou-Nameh*, qui sont comme les archives de la famille de Rustem ; plus tard, le roman héroïque et les contes épiques, toutes ces œuvres, savantes ou populaires, semblent avoir été inspirées par le *Schah-Nameh*. Les chansons de gestes du Seïstân ne sont, en quelque sorte, que la continuation du *Livre des Rois*. Puisées comme lui aux sources originales, elles le complètent sans l'égaler et se proposent, à son exemple, d'entretenir le culte des souvenirs patriotiques. Nous verrons bientôt combien les imitations des siècles suivants et celles de l'âge moderne sont au-dessous de leur modèle, par le défaut d'invention et de sincérité ; ce qu'il importe de constater ici, c'est l'influence considérable exercée par l'œuvre de Firdawsi.

Elle a été si pénétrante qu'elle a presque relégué dans l'oubli les poëtes qui brillèrent à la cour des Samanides. Que savons-nous de Rudeki, d'Ansari, d'Eçedi, de Farroukhi et de tant d'autres dont les *tezkérèhs* persans [1] nous ont conservé le nom et quelques distiques incertains? L'histoire de la poésie persane, à la fin du IVe siècle et pendant le siècle suivant, présente une lacune regrettable, et il y a peu de raisons de compter qu'on retrouve les documents dont les biographies, depuis trois cents ans, constatent la perte. Tout au plus peut-on attendre qu'un hasard heureux mette sur la piste de quelque ancienne copie. C'est ce qui est arrivé récemment pour *Menoutchehri,* poëte du Ve siècle, qui paraît avoir fait bonne figure à la cour de Sultan Mesoud, prince de la famille des Seldjoukides [2]. Trois formes poétiques de prove-

---

[1]. Le plus célèbre de ces ouvrages consacrés à la biographie des poëtes, le *tezkérèh* de Dawlet-Schah, si précieux pour l'histoire des poëtes de l'âge moyen, ne nous donne sur ceux des quatre premiers siècles que des renseignements incomplets, remplis d'anachronismes et de contradictions.

[2]. M. de Biberstein-Kazimirski a obtenu d'un lettré persan la communication du *Divan* complet;

nance arabe dominent dans le recueil de cet ancien poëte : la *Kaçideh*, épître en l'honneur des puissants du jour, le *roubayi* ou quatrain, et les *moçamats*, morceaux de trois à dix distiques, soumis à des règles particulières. La description du printemps, l'amour et l'ivresse sont le sujet ordinaire de ces petites pièces dans lesquelles on ne trouve encore nulle trace du mysticisme qui, dès le siècle suivant, envahira la littérature de la Perse. Ce qui frappe surtout dans ces œuvres légères, c'est leur assujettissement non-seulement au goût, mais aussi à la langue des vainqueurs; les expressions arabes fourmillent chez ce poète qui était pourtant presque contemporain de Firdawsi.

Ainsi, — et c'est le fait que je voudrais mettre en lumière, — l'influence de la littérature arabe se répand de bonne heure dans les pays de sang iranien ; elle ira toujours

---

ce savant orientaliste en a donné un court fragment comme spécimen, et se propose de le publier en entier avec une traduction et des notes.

grandissant, propagée qu'elle sera par les circonstances politiques et par l'engouement que provoqueront les Séances de Hariri, les poëmes de Motenebbi, d'Abou'l-Ala et d'Abou Firas. Les poëtes persans sauront, il est vrai, mieux que les prosateurs, conserver un certain cachet individuel et l'empreinte du génie national, mais l'originalité de fond et de style qui distingue les *Namehs* ne se retrouvera plus dans leurs œuvres.

Afin de mieux connaître la nature de ces apports étrangers, je vous demande la permission, Messieurs, de jeter un coup d'œil rapide sur la poésie arabe avant l'islamisme et de constater les modifications que la grande réforme religieuse lui a fait subir.

Je ne sais si l'histoire littéraire présente un phénomène plus intéressant que celui de ces tribus nomades, divisées à l'infini, hostiles les unes aux autres, condamnées par la nature à une vie errante et misérable, mais douées d'un instinct poétique aussi vif qu'il fut inconscient. Au désert, la poésie était un produit spontané de la race et de l'état social. Tout guerrier était poëte à ses heures, toute femme née sous la tente pouvait, stimulée par la douleur ou la joie, s'élever aux plus sublimes accents de la poésie lyrique. La gloire des maraudeurs de Modar et de Kahtan n'était complète que s'ils la célébraient dans des vers dignes d'être récités de tribus en tribus. La tradition avait bien imposé là aussi des règles dont on ne pouvait s'affranchir, il y avait un idéal consacré qui se résume en trois mots : « Bravoure, générosité, éloquence ». Mais dans ce cercle restreint comme la vie des tribus elles-mêmes, il restait encore une certaine liberté d'action et l'improvisateur savait conserver son individualité dans l'expression de ses haines et la glorification de ses prouesses.

Le grand malheur de cette tradition, c'est qu'elle se perpétua dans un milieu social différent de celui qui l'avait créée. Deux siècles après la conquête musulmane, lorsque le Koran avait soumis l'Asie depuis la Méditerranée jusqu'à l'Indus, lorsque le faste déployé à Damas, puis à Bagdad, avait effacé les derniers vestiges de la vie nomade, il était encore de bon goût d'emprunter au désert les images qui donnent tant de charmes à la muse anté-islamique. La mode exigeait que le poëte débutât par une description attristée du campement abandonné, qu'il interrogeât les cendres du *douar* où se dressait la tente de la bien-aimée, qu'à l'exemple d'Imrou'l-Kaïs et de Schanfara, il peignît avec un choix d'expressions techniques le cheval qui le menait au combat, la chamelle qui le portait à travers les steppes brûlantes. Ce début terminé, une digression, toujours empruntée aux modèles classiques, amenait l'éloge du prince dont on sollicitait les bienfaits, etc. Cet accent est encore sincère au deuxième siècle de l'hégire, lorsque les expéditions lointaines ou les luttes des Kharidjites contre le pouvoir central entretenaient l'enthousiasme, mais il devient artificiel et fatigant dans la bouche de Bohtori, de Motenebbi et de tous ces panégyristes courtisans dont Thalebi nous atteste la célébrité. Il serait injuste cependant de ne pas constater, à côté des imitations surannées, une forme nouvelle qui est le produit de la civilisation musulmane. Autant la poésie primitive était spontanée, pleine d'impressions et d'images simples et vraies comme la nature qui leur avait donné naissance, autant la poésie contemporaine des Abbassides est le reflet du milieu où elle s'épanouit. Sceptique et libertine avec *Abou Nowas* et *Di'bil,* sentencieuse et morale avec *Abou'l-Atayah* et *Maari,* elle est toujours et chez tous consciente et réfléchie. En même temps, le style arrive à un degré de raffinement inconnu aux âges précédents. *Abou'l-Walid, Motenebbi, Ibn Moutazz* remplacent l'inspiration défaillante par une recherche inouïe ; les allitérations, les jeux de pensées et de mots, l'énigme et le rébus introduisent un germe de mort dans toute cette littérature. Est-ce au contact de l'esprit iranien, comme on l'a prétendu, qu'il faut attribuer cette dégénérescence du goût sémitique? ou s'est-elle développée parallèlement chez l'une et l'autre race? C'est une question dont je n'ai pas à m'occuper aujourd'hui et qui d'ailleurs ne pourrait être résolue, que si les œuvres de la Perse littéraire des IVe et Ve siècles nous étaient mieux connues.

Toutefois, je le répète, un fait me semble incontestable : les Persans, s'ils n'ont pas su se défendre contre l'invasion des idées et de la langue de leurs coréligionnaires arabes, les ont assouplies et façonnées jusqu'à en effacer la marque d'origine. Leur langue s'y prêtait merveilleusement : sonore, harmonieuse, souple, riche en termes composés, d'une construction facile et élégante, elle se plie à toutes les combinaisons de l'art; les procédés d'école que nous venons de signaler revêtent chez elle une grâce, un charme que le caractère métallique des langues sémitiques ne peut revendiquer ; ce qui est affecté, maniéré dans celles-ci, reste agréable et joli dans les *roubâyis* et les *ghazels* des poëtes de Schiraz et d'Isfahân. *Nizami,* plus recherché peut-être que *Motenebbi* son modèle, nous paraît pourtant parler une langue moins factice ; *Hafez,* plus curieux de jeux d'esprit qu'*Abou Nowas,* semble puiser à une source plus pure, et les fautes de goût qui déparent les moralités de *Saadi* ne leur enlèvent pas cet accent caressant et bonhomme qu'on recherche en vain dans les sombres *Kaçidehs* d'Abou'l-Atayah. En rapprochant ces noms célèbres, je ne veux établir aucun parallèle entre eux; loin de là ! je cherche à démontrer que, malgré une certaine conformité de genres, une certaine contrainte dans les procédés et le style, les Persans conservent toute leur supériorité d'artistes.

Reprenons maintenant notre course rapide à travers les différents âges de la poésie néo-persane. Le vi[e] siècle est celui de la poésie lyrique. *Enveri* (célèbre surtout par ses panégyriques), *Khakani* et *Nizami* en sont les principaux représentants. Ces deux derniers méritent une mention spéciale.

Khakani, né à Guendjèh, l'an 500 de l'hégire, fit preuve d'un talent précoce; après avoir chanté les mérites des princes du Schirwân, il courut le monde, fit sa cour à sultan Mahmoud de Seldjouk, visita la Mecque et revint dans son pays natal, escorté d'une réputation qui paraît lui avoir inspiré une vanité insensée. Il mourut dans un âge avancé après avoir encouru toutes sortes de disgrâces et de mésaventures qui sont d'ailleurs chose ordinaire dans la vie d'un poëte oriental. Son divan nous est parvenu presque complet et les fragments qu'un savant étranger en a donnés dans le *Journal asiatique* [1] nous font connaître exactement ce poëte peut-être surfait. Sans vouloir le comparer à Pindare, encore moins à Victor Hugo, comme a prétendu le faire une critique enthousiaste, on doit reconnaître chez lui une aptitude étonnante, un talent naturel qui trouve son expression la plus vraie dans l'ode et la satire. Khakani a de l'énergie et parle une langue harmonieuse; mais il exagère les défauts de son temps; l'abus de l'esprit et du jeu de mots, un véritable pé-

[1]. Mémoire sur Khâcâni, poëte persan du XIIe siècle, par N. de Khanikof. *Journ. asiatique*, août, septembre 1864. La première partie de ce travail remarquable est consacrée à une étude sur la vie et le caractère du poëte; la seconde partie, publiée en 1865, renferme le texte et la traduction de quatre de ses odes principales où les difficultés du texte ont été vaincues avec une connaissance parfaite de la langue poétique des Persans et un rare bonheur d'expressions.

dantisme qui le porte à chercher ses allusions dans l'astrologie et la magie, tout cela répand une obscurité profonde sur ses meilleurs morceaux. Son œuvre est donc surtout précieuse par les révélations qu'elle fournit sur les faits et les mœurs d'une société peu connue, la cour des Schirwânschahs et des Seldjoukides.

Avec Nizami nous rencontrons un genre nouveau, le roman historique dont ce célèbre écrivain peut revendiquer la paternité. Au vi[e] siècle de l'hégire, l'épopée se mourait faute d'aliments, faute aussi de conviction chez ceux qui voulaient la faire revivre. Ce n'est pas que l'imagination et le talent fassent défaut aux poëtes de cet âge, mais ils n'ont plus la foi naïve qui animait l'école de Firdawsi. Le souvenir de la légende héroïque subsiste encore; mais il donne naissance chez les uns à un évhémerisme maladroit, chez les autres il n'est plus qu'un thème de convention, favorable à la peinture des passions. Nizami est le premier qui remania en ce sens le vieux fonds des traditions populaires; sans se soucier d'en conserver la pureté et la couleur, il les amalgame librement tantôt aux récits plus ou moins légendaires des chroniqueurs arabes, tantôt aux fictions des romanciers alexandrins. La forme lyrique prédomine dans son poëme de *Khosrou et Schirîn* et dans les sept idoles *(Heft peïguer)*. Le roman dont Alexandre est le héros, l'*Iskender-nameh,* appartient, au moins pour sa seconde moitié, au genre didactique, car l'assemblage confus d'inventions chimériques et de moralités sentencieuses qu'on y rencontre à chaque pas, ne lui laisse aucune parenté avec la poésie lyrique. A travers les exagérations qui déparent la biographie, je devrais dire la légende de Nizami, on y distingue deux personnages différents : d'un côté le poëte de cour, outré dans ses panégyriques, avide de gloire et de richesse, de l'autre le mystique imbu des plus étranges imaginations du soufisme. Remarquons, d'ailleurs, que cette alliance de deux sentiments si opposés est une concession faite à la mode ; elle est l'expression véritable du double courant d'idées qui entraînait déjà la société persane et qui a redoublé d'intensité dans les âges suivants. Nous retrouvons ce même caractère chez Djâmi, chez Ali Schir Nèvayi et parmi les principaux écrivains de la décadence. Néanmoins Nizami en est le type le plus complet, et il conserve, grâce au mérite de la forme, une supériorité incontestable sur ses imitateurs. En dépit de son obscurité voulue, et de son affectation, on ne peut qu'admirer son talent de narrateur, la richesse de ses tableaux et les ressources variées de sa diction.

Trois noms jettent un vif éclat sur le siècle suivant, le xiie de notre ère : Djelal-eddîn Roumi, Attar et Saadi personnifient à des degrés divers le double mouvement littéraire de cette période : d'une part, le développement des rêveries panthéistiques, de l'autre la tendance à revêtir la morale humaine des formes les plus gracieuses de la poésie. Pour pénétrer le caractère particulier du mysticisme propre à Djelal-eddîn Roumi, tel qu'il l'a formulé dans son célèbre poëme *Mesnevi,* il faudrait remonter assez loin dans le passé et étudier les sectes qui sont sorties de l'Islam. Une pareille étude exigerait des développements que cette esquisse ne comporte pas et je dois me borner à en indiquer les principaux traits.

Le soufisme musulman a suivi deux directions divergentes selon sa nationalité, si je puis me servir de cette expression. Chez les Arabes et particulièrement dans les sectes sunnites, il ne s'est jamais détaché entièrement des dogmes officiels ; il a cherché seulement à en atténuer la rigueur, à les rendre plus aimables, plus attrayants en les appropriant à ce besoin de sentimentalité rêveuse qui est au fond des natures asiatiques. Chez les Persans et parmi les populations musulmanes de l'Inde, il s'est maintenu plus près de sa source : c'est toujours le panthéïsme professé par les joguis et à peine dissimulé sous un certain nombre de formules liturgiques. Il ne recule devant aucun concept matérialiste, si énorme qu'il soit ; il enseigne le mépris de la loi religieuse et morale, le néant de la création, au profit du *aschq*, c'est-à-dire de l'amour divin. Dès les premiers siècles de l'hégire, l'incarnation de Dieu dans l'initié à la suite d'un renoncement absolu et de mortifications rigoureuses, cette doctrine dont la provenance orientale n'est pas douteuse, s'enseignait à

Basrah et Halladj la scellait de son sang. Mais dans les contrées où dominait l'élément arabe, elle demeura toujours à l'état sporadique. C'est en Perse seulement qu'elle pouvait se propager et s'affirmer dans des œuvres littéraires telles, par exemple, que les *Quatrains de Khayyam*. Que ce livre soit, comme on l'a prétendu, une protestation contre le dogmatisme musulman, ou qu'il soit le produit d'une imagination maladive, singulier mélange de scepticisme, d'ironie et de négation amère, il n'en est pas moins curieux de trouver en Perse, dès le XIᵉ siècle, des précurseurs de Goethe et de Henri Heine [1]. L'idée fon-

---

[1]. *J. Asiatique*, rapport annuel de M. E. Renan 1868, p. 56.— Le texte et la traduction de ce poëme si intéressant pour l'histoire des idées et des croyances dans la Perse du moyen âge ont été publiés en 1867 par feu M. Nicolas, consul de France à Recht. (Paris, un volume in-4°. Imprimerie nationale.) Il est à regretter que le traducteur n'ait pas mis plus de critique dans son travail et qu'il se soit borné à traduire un peu sèchement, sans paraître soupçonner la profondeur de l'œuvre étrange qu'il voulait populariser en Europe.

damentale du mysticisme qui domine chez les poëtes à travers les mille variations de la forme, est celle-ci : Dieu pénètre la nature et, à son tour, la nature est absorbée en Dieu. C'est ainsi, pour me servir d'une expression empruntée au *Mesnevi*, que « les rayons du soleil, jaillissant du sein de l'astre, se réfléchissent et remontent à leur source. » On retrouve dans les anecdotes bizarres du *Mesnevi*, comme dans les apologues du *Colloque des oiseaux*, un fond de doctrine toujours identique : se détacher peu à peu par la prière et la méditation de tout ce qui a une entité objective, s'élever au-dessus du monde d'ici-bas et de la vie future pour s'abîmer dans la contemplation du monde idéal, s'anéantir dans le grand Tout jusqu'à ce que retentisse au fond du cœur le cri suprême : *Dieu est en moi, Dieu c'est moi!* »

La Perse s'est portée vers ces idées malsaines avec une ardeur si singulière qu'on peut dire qu'en étudier les manifestations dans le *Mesnevi*, le *Mautiq-ut-taïr*, le *Gulscheni raz*, ce serait faire l'historique presque complet de la poésie persane depuis six cents ans.

Je ne désespère pas de prendre un jour le poëme de Djelal-eddîn pour texte d'explication, et j'essaierai alors de tirer de ce livre singulier, peu connu en Europe, des données nouvelles sur la doctrine fuyante, insaisissable qui, des bords du Gange aux rivages de la Méditerranée, a pénétré les esprits, je devrais dire, les a pervertis. — Car, il faut bien le reconnaître, c'est dans le quiétisme des soufis, et non dans le Koran arabe, que se trouvent les principes morbides dont nous constatons à l'heure actuelle l'influence pernicieuse. Je veux bien que l'accord entre la liberté humaine et la prescience divine ne soit pas nettement établi dans le Koran, qu'il y ait contradiction dans les versets où ce problème est effleuré ; mais d'autre part, il est impossible de contester que le prophète et, après lui, les docteurs de l'Eglise musulmane, depuis les *Compagnons* jusqu'à El-Aschari et Ghazzali, ont toujours entendu affirmer le libre arbitre et revendiquer pour l'homme la responsabilité de ses actes, en même temps qu'ils proclamaient la nécessité d'une religion positive. Le grand coupable est le *fana*, le frère du *nirvana*, ou en d'autres termes le quiétisme oriental qu'on a appelé spirituellement l'*hypertrophie* du sentiment religieux [1]. Favorisé par le climat, propagé par le spectacle des catastrophes politiques dont l'Orient est le théâtre permanent, le quiétisme a pris possession des âmes : en leur répétant sans cesse qu'il n'y a aucune réalité hors de l'essence divine, que le plaisir et la douleur, le bien et le mal ne sont qu'un vain mot ; il les a jetées en proie à tous les despotismes, façonnées à toutes les dégradations.

Certes le pieux anachorète d'Iconium, Djelal-eddîn Roumi, était loin de prévoir les déductions qu'on tirerait de ses apologues ; il ne se doutait guère quels commentaires extravagants les ordres mendians,

---

1. Voir l'ouvrage intitulé *Abdur-Razzaq's Dictionary of the technical terms of the sufies*, by Dr A. Sprenger; Calcutta, 1845, préface, p. v.

Mevlevis, *Nakhchibendis* et autres, donneraient à ses poétiques imaginations et que dans les *tékièhs* de Brousse et de Constantinople, ses chants exciteraient l'ardeur des rondes vertigineuses. Loin de là, le ton du *Mesnevi* est doux et voilé : à côté des élans mystiques, il y a place dans ce poëme pour les préceptes de la morale la plus pure : il ne se lasse pas de prôner l'amour du prochain, la bienfaisance et la pratique des devoirs religieux.

Tel est aussi le mérite d'Attar, poëte moins inspiré, mais aussi convaincu que le précédent.

Sa vie est assez bien connue par la notice que lui ont consacrée S. de Sacy et Sir Gore Ouseley. Né en 1119 de notre ère à Nischapour, il exerça d'abord la profession de droguiste, ce qui lui valut le surnom d'*Attar*. Un derviche qui passait par hasard devant sa boutique, lui ayant démontré en quelques mots l'inanité des biens d'ici-bas, Attar renonça aussitôt à toute occupation mondaine pour vivre dans la retraite et s'adonner aux pratiques de l'ascétisme. Après avoir accompli le pèlerinage de la Mecque, il revint dans sa ville natale et se consacra à la composition de ses traités allégoriques et gnomiques ; ils forment, dit-on, un ensemble de cent mille vers. Dans ce nombre considérable d'ouvrages, le Mantiq ou *Colloque des oiseaux* est celui qui reflète le mieux l'ensemble des théories soufites [1].

Le système d'Attar ne diffère pas beaucoup de celui de Djelal-eddîn. Pour l'un comme pour l'autre, Dieu seul existe ; la création n'est qu'une émanation, ou plus exactement, un jeu de la Divinité. Les dogmes des religions positives sont des allégories dont l'initié trouve seul l'explication. L'idéal du parfait contemplateur est de se

---

[1]. Cf. *Poésie philosophique et religieuse chez les Persans*, par M. Garcin de Tassy, introduction, p. 12 et suiv. Notre célèbre orientaliste, si profondément versé dans les différentes littératures de l'Orient musulman, a publié le texte complet du *Mantiq* et une traduction à la fois littérale et élégante de ce poëme difficile. Paris, Imprimerie impériale, 1863, un volume gr. in-8°.

détacher des biens fragiles de l'humanité pour s'anéantir dans le *hakk,* la vérité, l'essence divine. La même préoccupation de dogmatisme moral que je constatais chez Djelal-eddîn se retrouve dans les différents ouvrages du poëte de Nischapour : son *Pend-Nameh,* ou Livre des conseils, en fournit la preuve à chaque page. En analysant cet ouvrage si fidèlement traduit par S. de Sacy, je voudrais mettre en relief tout ce qu'il y a d'honnête, de pratique, de conforme à la vie réelle, dans la morale telle que la concevaient ces mystiques du xiie siècle. J'aimerais à montrer comment le soufisme, grâce à une heureuse inconséquence, rachète ses théories dissolvantes par des leçons empreintes de la plus haute sagesse, avec quelle conviction émue il exalte la modération dans les désirs, l'humilité, la patience, et trace des règles de conduite que nos moralistes les plus sévères ne désavoueraient pas. Mais le terrain m'est limité et il me reste à mentionner, avant de quitter cette époque si glorieuse pour la littérature persane, deux noms dont le retentissement a été immense en Orient et s'est propagé jusqu'en Europe : *Saadi* et *Hafez*.

Plusieurs orientalistes, parmi lesquels je dois citer en première ligne mon savant confrère et ami M. C. Defrémery, ont étudié la biographie de Saadi dans le recueil de ses œuvres et dégagé habilement l'homme et l'écrivain des nuages où la postérité l'avait enveloppé. De tous les poëtes orientaux, Saadi est peut-être le seul qui puisse être compris en Europe, le seul qui puisse y conserver en partie la popularité dont il jouit chez les lecteurs musulmans. C'est qu'il offre, tout au moins dans le *Gulistan* [1], un ensemble de qualités telles que les réclame l'esthétique moderne. Son inaltérable bon sens, le charme et l'esprit

---

1. Ce chef-d'œuvre de la littérature orientale a été traduit depuis deux siècles dans les principales langues de l'Europe. M. Defrémery en a publié une traduction française d'une fidélité scrupuleuse et enrichie de notes d'une érudition solide et sobre. Paris, 1858, chez F. Didot, un vol. in-12, XLVII et 359 p. Tout récemment, M. de Kazimirski

qui animent ses narrations, le ton de raillerie indulgente avec lequel il censure les vices et les travers de l'humanité, tous ces mérites si rares chez ses compatriotes lui assurent des droits à notre admiration. En le lisant, certains rapprochements avec nos auteurs classiques se présentent involontairement à l'esprit ; on rencontre chez lui plus d'un trait qui rappelle la finesse d'Horace, la facilité élégante d'Ovide, la verve railleuse de Rabelais, la bonhomie de La Fontaine. J'espère montrer dans la suite de ces leçons que les mêmes qualités se retrouvent dans le *Boustan*, cet autre chef-d'œuvre de la poésie persane, moins connu pourtant parmi nous, parce qu'il exige une attention plus soutenue, peut-être aussi parce qu'il a un caractère mystique plus prononcé [1].

vient de publier une version en polonais, qui, au dire des connaisseurs, reproduit avec une exactitude merveilleuse le style, les images et jusqu'aux mètres de l'original.

1. Des extraits de ce charmant ouvrage paraîtront cette année dans la Bibliothèque elzévi-

Cependant, par la nature de son esprit, Saadi n'avait qu'un médiocre penchant pour le mysticisme; mais il était de son temps et ne pouvait se soustraire au courant d'idées qui entraînait à ce système tout homme lettré et doué d'une vive imagination. « A en juger par ses écrits, dit S. de Sacy [1], Saadi n'était point un de ces soufis hypocrites qui embrassent la vie spirituelle pour vivre dans la volupté et la fainéantise, aux dépens de la crédulité des pieux musulmans; car il traite sans ménagement ceux qui déshonorent, par une semblable conduite, la profession religieuse. Sa morale est, en général, pure et ne peut être accusée ni de relâchement ni de rigorisme; il sait tenir le milieu entre le

rienne publiée par E. Leroux, où ils formeront deux volumes. Si le public accueille cet essai avec indulgence, je me propose de publier plus tard la traduction complète, accompagnée de notes nombreuses et de citations empruntées aux plus célèbres poëtes persans.

1. Biographie universelle, tome XXXIX, article *Saadi*.

fatalisme qui réduit l'homme à l'état d'un être entièrement passif et l'indépendance qui le livre tout à fait à lui-même et semble le soustraire au pouvoir de la divinité. »
— Cette appréciation de l'illustre orientaliste est juste et la lecture du Divan la confirme pleinement. Qu'on lise les pièces les plus fortement empreintes de mysticité, celles, par exemple, auxquelles les éditeurs ont donné le nom prétentieux de *taïbat* « les suaves » et de *beda'yi* « les merveilleuses », on y trouve ce je ne sais quoi d'artificiel et de tendu, une certaine tiédeur qui est aussi éloignée des élans de Djelal-eddîn que de l'inspiration désordonnée de Hafez. Je n'ignore pas qu'en Orient on serait peu disposé à reconnaître l'infériorité de Saadi dans le genre lyrique et qu'on mettrait volontiers ses *ghazels* au même rang que ceux de Hafez. Mais, pour la critique européenne, la question ne saurait être douteuse et, tout en reconnaissant que la spiritualité du second de ces poëtes a été singulièrement exagérée, on n'hésitera pas à proclamer

en lui le plus grand lyrique de la Perse.

Doué d'une imagination très-vive, d'un sentiment exquis de la nature et de l'art, Hafez, s'il était né à Athènes ou à Rome, eût été le rival d'Anacréon ou de Tibulle; mais le beau ciel de Schiraz favorise la rêverie extatique et notre poëte en fut pénétré dès son enfance. C'est en vérité un singulier livre que ce recueil d'odes sans liaison apparente où le poëte chante tantôt les ineffables jouissances du *fana,* tantôt le vin et l'amour en termes toujours élégants et honnêtes, mais dégagés de tout symbolisme. — Une critique superficielle a cru expliquer ces contradictions en supposant que l'extase était pour lui une sorte de masque, sous lequel il dissimulait ses goûts de débauche et ses amours très-profanes; mais cette accusation d'hypocrisie nous paraît aussi peu fondée que la théorie des commentateurs turcs pour lesquels tous les vers du Divan ont un sens allégorique dont la doctrine spirituelle, le *tarikat* seulement, peut donner la clé.

Malheureusement, on chercherait en

vain dans les biographies persanes la solution du problème ; elles se bornent à affirmer en termes hyperboliques la vocation spirituelle du grand poëte et cherchent à la démontrer à l'aide d'anecdotes merveilleuses où l'histoire n'a rien à voir. L'étude critique du texte devrait, il est vrai, suppléer au silence des biographies, mais on sait que les éditeurs indigènes se bornent à réunir les pièces d'un Divan d'après l'ordre alphabétique de la rime, sans tenir compte ni de leur date, ni des circonstances et du milieu qui les ont produites. Il serait donc bien difficile, sinon impossible, de démêler à travers plusieurs couches de variantes la rédaction primitive et de rétablir les odes dans l'ordre chronologique [1]. Et quand je dis *rédaction*, j'emploie peut-être un terme inexact ; il est vraisemblable que la

---

[1]. L'arrangement adopté dans le commentaire turc de Soudi et reproduit par Brockhaus est depuis longtemps consacré dans les écoles littéraires de Turquie, mais il ne paraît pas mériter beaucoup plus de confiance que les éditions publiées dans l'Inde.

plupart de ces petits poëmes furent, comme le Koran, le produit de l'improvisation et du hasard. Recueillies par les admirateurs du maître, ses odes devinrent après sa mort l'objet de plusieurs remaniements, selon la tendance plus ou moins prononcée des éditeurs à leur donner une couleur allégorique. De là cette multiplicité fatigante de leçons, ce désordre perpétuel qui unit dans le même fragment des pensées d'une mysticité élevée à l'expression d'un libertinage sans frein. — Après tout, ce désordre de rédaction est peut-être ce qui répond le mieux à l'idée que nous devons nous faire du poëte : Hafez est pour nous le type de ces natures d'Orient, impressionnables et nerveuses, éprises du beau et confondant volontiers dans le même sentiment d'enthousiasme la beauté plastique et la perfection idéale.

Que cette disposition d'esprit, si étrange, fut déjà générale en Perse au XIVe siècle, c'est ce qu'il me paraît difficile de révoquer en doute, mais elle aura toujours quelque chose d'inexplicable pour nous :

je me rallierais donc volontiers à l'appréciation prudente que M. Mohl nous donnait souvent dans cette chaire et qu'il a résumée dans un de ses rapports. « Je crois, disait-il en parlant d'une nouvelle édition du Divan de Hafez, qu'il faut chercher le mot de l'énigme dans la tendance générale des esprits et dans la culture de son temps ; la difficulté pour nous est seulement de nous représenter assez vivement l'état des esprits en Perse et la nature de l'influence que le soufisme y exerçait depuis des siècles sur toutes les classes cultivées de la nation [1]. » En dépit de ce dévergondage d'imagination qui prête aux abstractions du quiétisme le langage des passions mondaines, Hafez gardera sa place à côté de Saadi, comme un des représentants attitrés du génie persan, dans ce qu'il a de plus vif dans le tour, de plus raffiné dans la diction.

---

[1]. *Journal asiatique*, rapport annuel, juillet 1861, p. 89.

L'ÉCLAT de ces deux noms est si brillant que les autres célébrités littéraires des XIIIe et XIVe siècles ne jettent qu'une lueur incertaine. Parmi les poëtes distingués dont les *tezkerèhs* font mention pendant cette période, il faudrait signaler au premier rang *Khosrou de Dehli,* dont le Divan fait encore l'admiration des dilettanti, puis son contemporain et compatriote *Khadjèh Haçan,* imitateur, sinon plagiaire de Saadi, comme l'atteste ce distique :

Haçan a cueilli une rose dans le jardin de Saadi,
Dans ce jardin que moissonnent les disciples de l'idéal.

Il faudrait citer aussi *Kemal Khodjendi,* protégé de Sultan Huçeïn et du prince timouride Miranschah, ami de Hafez, avec lequel il entretenait une correspondance poétique. On ne devrait pas oublier non plus *Selman Savadji* dont plusieurs distiques figurent, dit-on, dans les *Ghazels* de *Hafez* sans les déparer ; *Katibi* qui a laissé une *Khamsah* ou collection de cinq poëmes à l'imitation de *Nizami* et une jolie fantaisie intitulée « le narcisse et la rose ». Enfin, sans vouloir sortir des bornes d'une notice exclusivement consacrée à l'historique de la poésie en Perse, je ne puis me dispenser de signaler en passant les progrès accomplis à la même époque par l'histoire, la géographie et les sciences naturelles. Grâce à la protection éclairée des princes issus de Djenghiz-Khan et de Timour, *Raschid-eddîn* rédigeait alors son histoire des Mongols, *Wassaf* et *Bénakiti* publiaient des documents d'une valeur littéraire inégale, mais précieux pour l'érudition ; *Mustôfi* de Kazwin écrivait son utile compendium de chronologie musulmane et fournissait dans son *Nouzhet el-Kouloub* d'excellentes données géographiques et statistiques sur la Perse des Mongols.

En un mot, poëtes, prosateurs, historiens et moralistes rivalisaient de zèle pour faire de cette période qui comprend environ deux siècles, une des plus brillantes de l'histoire littéraire de la Perse.

Si le mouvement scientifique s'accentue au xvie siècle de notre ère sous l'impulsion bienfaisante de princes tels que *Schahrokh*, *Baïsonkor* et *Oulough-bey*, en revanche les lettres demeurent stationnaires. Malgré la vogue momentanée du roman allégorique de *Fettahi*, « *la beauté et le cœur* », malgré les éloges accordés par l'Atesch Kedeh à *Kassem el-Anwar*, à *Ehli le Khoraçanien*, à *Baba Fighani* dont les ghazels ne sont pas sans mérite, ce siècle pourrait être considéré comme stérile pour la poésie, si nous n'y rencontrions le nom célèbre de *Djâmi*, poëte doué d'une imagination brillante, soufi convaincu mais imparfait quand on le compare aux Scheïkhs, qui, dans les siècles précédents, propagèrent la doctrine spirituelle par leurs écrits et leur enseignement oral. La vie de Djâmi, telle que nous l'ont transmise ses contemporains et entre autres *Ali Schir,* son ami et son admirateur, fournirait matière à une curieuse étude sur les destinées d'un homme de lettres à la cour des Timourides; lui-même, faisant allusion aux années troublées de sa jeunesse, s'exprime ainsi dans une de ses odes [1] :

Comme une balle lancée dans le mail des mois et des années,
La raquette du destin m'a jeté à travers tous les accidents de
[la vie.

Après toutes sortes de péripéties, et après avoir, selon la coutume du temps, entrepris de lointains voyages pour visiter les Scheïkhs de la voie spirituelle, il fixa sa résidence à Hérat; et, comme son prédécesseur Nizami, il sut allier les exigences de la vie de cour aux pratiques de l'ascétisme le

---

1. Voir dans le *Journal asiatique,* de 1861, l'intéressant article intitulé : *Caractères, maximes et pensées de Mir Ali Chir Névaï,* par M. Belin; ce travail fait partie d'une série d'études sur les moralistes orientaux dont la suite serait accueillie avec aveur par le public lettré.

plus rigoureux. L'art de bien dire uni à la dévotion est toujours ce qui inspire le plus de respect aux musulmans [1] : c'est par l'assemblage de ces deux qualités que ses principaux ouvrages se recommandent. Il serait trop long d'en donner ici la liste complète : d'ailleurs, plusieurs de ses poëmes et opuscules ont été publiés ou traduits dans les principales langues d'Europe.

Dans ses romans en vers comme *Yousouf et Zuleïkha, Salaman et Absal*, Djâmi prend à coup sûr modèle sur Nizami, mais plutôt pour le plan général et l'allure de l'ensemble que pour la forme elle-même, car son style est infiniment moins travaillé et moins obscur que celui du poëte de *Guendjèh*. Djâmi cherche moins à éblouir le lecteur par les ressources de son esprit qu'à le toucher en s'ap-

---

[1]. C'est ce qui a valu en Orient une vogue persistante à certains ouvrages d'une lecture pénible pour nous, par exemple les *Colliers d'or* de Zamakhschari, ceux du Scheïkh Maghrebi, etc.

pliquant à la peinture des passions. On ne peut certainement s'attendre à ce qu'il ait su éviter le faux goût qui avait envahi depuis longtemps toutes les branches de la littérature, mais il rachète ce défaut par un sentiment relativement pur de ce qui est bon et moral. Dans ses trois divans et dans le magasin des secrets *(Makhzen el-Esrar)*, il parle, il est vrai, une langue plus raffinée; mais ces ouvrages s'adressent surtout aux initiés, aux *mourids*, à ceux qui ont dit adieu aux réalités d'ici-bas pour se perdre dans l'azur de l'extase. De tous les écrits de Djâmi, celui qui intéresse le plus les lecteurs européens, bien qu'il ne touche qu'incidemment à la poésie, c'est sa biographie des soufis intitulée, selon la mode du temps, les « effluves de l'intimité ou de la sainteté », *Nefahat el-ouns*. Non-seulement on y trouve des données précieuses sur une doctrine qui, par sa nature même, échappe aux définitions rigoureuses; mais je connais peu d'ouvrages, dans l'ensemble de la littérature musulmane, qui nous renseignent mieux sur l'état des esprits en Perse et même dans l'Inde, à la fin du moyen âge et jusqu'au seuil de l'époque moderne.

Avec ce charmant poëte que ses contemporains ont couronné d'une auréole de sainteté, s'exhale le dernier souffle de la poésie classique. Désormais la corruption du goût devient de jour en jour plus profonde. Le mérite d'un écrivain se mesure à la facilité avec laquelle il assujettit aux lois de la prosodie les logogriphes et les rébus. Le titre si recherché de « rois de poëtes » *(Melik ech-chouarà)* s'accorde non plus au talent, mais à la flatterie sans pudeur et à l'hyperbole gigantesque, si bien que, selon la remarque ingénieuse de M. de Hammer [1], le roi des poëtes n'est plus que le poëte des rois. La munificence des grands s'adresse, non à l'artiste qui sait

---

1. *Geschichte der schœnem Redekunste Persiens*, p. 415.

peindre et émouvoir, mais au versificateur qui puise ses inspirations dans le dictionnaire des rimes, ou, pour parler plus exactement, dans les *Traités des termes figurés* [1]. — En vertu d'une loi qui préside aux époques de décadence, plus la poésie s'étiole et se meurt, plus s'accroît le nombre de ceux qui s'intitulent poëtes. La cour des petits princes turkomans et mongols, celle des Séfévis, retentit du ramage de « ces brillants perroquets mordillant du sucre dans leur bec »; je parle le langage du temps.

Il suffit de consulter les listes bibliographiques rédigées par le prince Sam Mirza comme complément à l'ouvrage de Dawlet-Schah pour constater cette rage de versifier qui s'était emparée des beaux esprits. Parmi les trois ou quatre cents noms qui y figurent, la critique la plus indulgente en trouverait à peine une dizaine qui méritent

---

[1]. Voir un ouvrage de ce genre publié par M. Cl. Huart, dans la *Bibliothèque de l'Ecole des Hautes Études*, 25ᵉ fascicule, Paris, 1875.

une mention particulière. Au xvi⁰ siècle, elle pourrait citer *Hatéfi,* neveu et imitateur de Djâmi et auteur d'un cycle de cinq poëmes (Khamsè-ï Hatéfi), qui atteste plus de facilité de facture que de véritable talent; *Hiláli,* connu par son roman en vers « le *Schah et le mendiant* [1] », plus connu par sa fin tragique et le sang-froid avec lequel il improvisa des vers sous le sabre du bourreau; enfin *Saïb,* qui essaya vainement de revêtir des formes poétiques le langage de la philosophie; et *Faïzi,* qui, par sa tournure d'esprit et son style autant que par sa naissance, appartient à l'Inde bien plus qu'à la Perse.

Je ne signale que pour mémoire les tentatives faites à la même époque pour raviver la poésie épique, tentatives nécessairement infructueuses; c'est en vain que *Mirza Kassem Gounabadi* célèbre les gloires de la dynastie séfévie, ses chants n'ont plus de retentissement, parce qu'ils manquent des éléments nécessaires à l'épopée :

---

[1]. Souvent imité par les poëtes turcs.

la tradition populaire et la croyance au merveilleux. La même indifférence accueille quelques années plus tard un poëme fastidieux qui, usurpant aussi le titre du *Schah-Nameh*, s'efforce de réhabiliter l'usurpation et les cruautés de *Nadir-Schah*.

Dans cette foule de rimeurs obscurs, on rencontre avec surprise un poëte véritable, un seul : *Ahmed Hatif* d'*Isfahân*, qui est presque notre contemporain. Un critique étranger a peut-être forcé la note en disant que « Hatif peut défier la comparaison avec le cycle des lyriques persans pour la simplicité du plan, l'harmonie du vers, une délicatesse et une pureté de goût qui, par une heureuse exception, permettent la traduction de chaque distique [1]. » Sans souscrire entièrement à ces éloges, on ne peut qu'admirer chez ce poëte de la décadence l'accent tendre et ému, la grâce et le naturel, en un mot, toutes les qualités qui manquent à ses contemporains. Quel-

---

[1]. Cf. *A century of persian ghazals*, London, 1851, in-4°, p. 38, 41.

ques-unes de ses odes ont été traduites avec talent [1] : je voudrais en citer certains passages, par exemple, le récit de son entrevue avec la jeune chrétienne, sa description d'un temple du feu, son explication des termes allégoriques des soufis. A défaut d'espace, je me borne à donner un seul distique, qui renferme une pensée d'une délicatesse charmante :

Enfant, quand tu venais au monde, chacun était heureux et toi seul tu pleurais ;
Vis de telle sorte qu'à l'heure de ta mort, chacun verse des larmes et que, toi seul, tu sois souriant.

Mais « une rose ne fait pas le printemps », dit un proverbe oriental. Hatif, je le répète, n'est qu'une exception heureuse dans une période de décrépitude : ses qualités ne font que rendre plus sensibles les défauts des poëtes de son siècle et de l'âge présent. Je devrais donc terminer ici

---

1. Par M. Jouannin dans l'ancien *Journ. asiatique*, décembre 1827, et par M. Defrémery, *Journ. asiat.*, février-mars 1856, p. 135 et suiv.

cet historique un peu sec des principales époques de la poésie persane, sans plus m'occuper de cette masse énorme d'apologues mystiques, de *ghazels* sans originalité, de moralités banales qui fait le fond de la littérature actuelle. Mais voici qu'une forme littéraire toute nouvelle se présente à nous et s'impose à notre attention, en nous prouvant que, dans une race richement douée comme celle d'Iran, la poésie revit par l'instinct populaire, lorsque sa source paraît tarie dans les régions officielles. Permettez-moi donc, Messieurs, de terminer cette causerie par quelques observations très-rapides sur l'art dramatique en Perse.

Le théâtre persan est né au commencement du siècle. Comme les mystères de notre moyen âge, il tire ses inspirations de la légende religieuse. On en trouve le germe dans les cantiques qu'en vertu d'une vieille coutume, on récite pendant les dix jours de deuil de Moharrem en l'honneur des martyrs de la famille d'Ali. Il est à peine besoin de rappeler l'histoire de cette famille : Ali, *le lion de Dieu,* comme on le nomme là-bas, tombant sous le fer d'un assassin, son fils aîné Haçan mourant par le poison, son autre fils Houçeïn traqué dans la plaine de Kerbela par l'armée de Yézid, blessé, en proie aux horreurs de la soif et, finalement, égorgé avec ses enfants par ordre du khalife omeyyade. — Bien que, depuis un petit nombre d'années, le champ dramatique se soit agrandi et que la Bible et même la légende chrétienne lui fournissent un aliment nouveau, c'est le drame de Kerbela qui a et qui aura longtemps le privilége de passionner le public.

Deux savants européens, MM. Chodzko et de Gobineau, qui ont résidé en Perse pendant plusieurs années, ont publié des extraits de cette poésie essentiellement populaire, et décrit l'impression qu'elle produit sur les spectateurs [1]. J'ai pu, moi aussi, en constater la puissance dans la ca-

---

[1]. M. Alexandre Chodzko, dans son *Théâtre en Perse*, Paris, 1844, in-8°, a fait le premier connaître les différents genres dont se compose le répertoire persan. Mais c'est à M. de Gobineau surtout que nous devons une peinture saisissante des représentations théâtrales, en même temps que des considérations pénétrantes sur les origines et les tendances de l'art dramatique en Perse. Je ne connais pas d'écrivain européen qui ait aussi bien compris l'Orient moderne et qui le représente avec un coloris aussi puissant. Voir dans son remarquable ouvrage « *Les religions et les philosophies dans l'Asie centrale* », Paris, 1866, les chapitres XIII et suivants.

pitale de la Perse. Je vois encore ces confréries d'hommes et d'enfants accourant au grand *sakou* de Téhéran (c'est ainsi qu'on nomme les théâtres en plein air), précédés de drapeaux noirs et de torches qui répandent une lueur sinistre. Je vois cette foule pressée sur les gradins qui entourent la place, interrompant la représentation du mystère par le cri sans cesse répété : *Ya Haçan ! Ya Houçeïn !* les pantomimes sanglantes des Berberys, les chœurs de danse entremêlant à la pièce des groupes et des attitudes qui rappellent la statuaire antique. Joignez à cela les fanfares éclatantes du *kerna*, le rhythme syncopé du tambourin et des timbales, le bruit sourd qui s'échappe de dix mille poitrines frappéesen cadence, les sanglots et les cris déchirants de la foule aux endroits pathétiques, et vous comprendrez quelles émotions viennent s'ajouter à l'effet déjà si grand de ces représentations pour en décupler l'effet. Et pourrait-il en être autrement? Le drame dont Houçeïn ou Ali Ekber sont les héros, est, à vrai dire, l'histoire de la Perse vaincue, pliée à un dogme étroit, humiliée dans ses plus chers souvenirs. Il est l'expression, sublime dans sa simplicité, du patriotisme et de la nationalité, car il résume en lui, sous une allégorie transparente, la foi religieuse, l'amour du pays et la haine de l'oppression.

Sorti du cerveau populaire, agencé par des auteurs sans nom et qui ne cherchent pas à se faire connaître, ce drame, — et c'est en cela qu'il l'emporte sur nos mystères, — est écrit dans une langue simple, à la portée de tous, mais jamais triviale; elle emploie de préférence le vers lyrique, court et souple, qui se prête admirablement à la mélopée, au récitatif déclamé.

Je regrette que l'heure ne me permette pas d'analyser une de ces tragédies religieuses qui, depuis une vingtaine d'années, se partagent l'admiration du public; par exemple, le *Jeu de la tombe,* les *Noces de Kaçem* et la *Jeune fille chrétienne.* Des mystères les plus en vogue, je voudrais traduire quelques scènes empreintes d'une grandeur antique. J'aimerais à montrer comment le théâtre persan, sortant peu à peu du cercle hiératique où il était d'abord enfermé, modifie progressivement la légende, l'histoire elle-même, selon ses besoins et ses vues, avec une indépendance absolue ; comment, malgré les mutilations qu'il fait subir à l'histoire, malgré le réalisme un peu brutal de la mise en scène et la gaucherie des acteurs, ce théâtre remue si puissamment le cœur de son public et se trouve avec lui en communication si intime d'idées et d'émotions. Mais je n'oserais, Messieurs, retenir plus longtemps votre attention sur un fait de littérature toute contemporaine, en cours de développement, et qu'il est, par conséquent, difficile d'apprécier avec une entière certitude.

Je ne sais si je me trompe, mais il me semble pourtant que ce retour de jeunesse chez un peuple vieilli, usé par toutes les vicissitudes du despotisme et de l'anarchie, que cette renaissance de l'idée cherchant à briser les entraves que lui impose l'Islam, méritaient d'être signalés comme un phénomène curieux dans la série des évolutions du génie iranien.

Je crois pouvoir ajouter, — et ce sera la conclusion de cette esquisse rapide, — que dans un essor aussi imprévu de l'imagination populaire, il y a comme une promesse de régénération intellectuelle et que, malgré son assoupissement trois fois séculaire, la littérature persane peut, dans ses transformations modernes, retrouver les qualités d'invention et d'art qui lui assignent une place à part, — la première peut-être, parmi les littératures de l'Orient.

ERNEST LEROUX, ÉDITEUR, RUE BONAPARTE, 28

BIBLIOTHÈQUE
ORIENTALE ELZÉVIRIENNE

I. — *Les Religieuses bouddhistes*, depuis Sakya Mouni jusqu'à nos jours, par Mary Summer. Avec introduction par Ph. Ed. Foucaux. 1 vol. in-18 elzévir, sur papier de Hollande. . . . . 2 fr. 50

II. — *Histoire du Bouddha Sakya Mouni*, depuis sa naissance jusqu'à sa mort, par Mary Summer. Avec préface et index par Ph. Ed. Foucaux. 1 vol. in-18 elzévir, sur papier de Hollande . . . . 5 fr.

III. — *Les Stances érotiques*, morales et religieuses de Bhartrihari, traduite du sanscrit par P. Regnaud. 1 vol. in-18 elzévir . . . . 2 fr. 50

IV. — *La Palestine inconnue*, par Clermont-Ganneau. 1 vol. in-18 elzévir . . . . 2 fr. 50

V. — *Les plaisanteries de Nasr-Eddin-Hodja*. Traduit du turc par Decourdemanche. 1 vol. in-18 elzévir . 2 fr. 50

VI-IX. — *Le Chariot de terre cuite* (Mricchakatika), drame sanscrit du roi Soudraka. Traduit en français, avec notes, etc., par P. Regnaud. 4 volumes in-18 elzévir . 10 fr.

X. — *Iter persicum* ou description du voyage en Perse entrepris en 1602 par Etienne Kakasch de Zalonkemeny, ambassadeur de l'empereur Rodolphe II, à la cour du grand-duc de Moscovie et près de Chah Abbas, roi de Perse. Relation rédigée en allemand par George Tectander von der Jabel. Traduction publiée et annotée par Ch. Schefer. In-18 avec portrait et carte. . . . . 5 fr.

XI. — *Le Chevalier Jean*, conte magyar, par Alexandre Petœfi, suivi de quelques pièces lyriques du même auteur, traduit par A. Dozon, consul de France. In-18. . 2 fr. 50

XII. — *La poésie en Perse*, par C. Barbier de Meynard, professeur au Collége de France. In-18. . . . 2 fr 50

SOUS PRESSE :

XIII. — *Histoire des croisades. Matériaux inédits*, par Ch. Clermont-Ganneau. In-18 avec figures et planches. 5 fr.

XIV-XV. — *Le livre de Calila et Dimna*, traduit sur la version syriaque, par A. Carrière. In-18. . . . . . 5 fr.

XVI-XVII. — *Le Damma pada*, traduit du pâli en français, par Fernand Hu. 2 vol. in 18. . . . . 5 fr.

XVIII. — *Voyage de Guillaume de Rubrouck en Orient*, publié par de Backer In-18. . . . . 5 fr.

LE PUY, TYP. MARCHESSOU, BOULEVARD SAINT-LAURENT, 23

www.ingramcontent.com/pod-product-compliance
Lightning Source LLC
LaVergne TN
LVHW050600090426
835512LV00008B/1270